DEJA DE POSPONER TUS PROYECTOS

Las claves para no volver a dejar tus proyectos para mañana

Por Hélène Nguyen Gateff

Traducido por Laura Bernal Martín

Coaching en50MINUTOS.es

¡NO VUELVAS A DEJAR NADA PARA MAÑANA!

- **¿Problemática?** ¿Cómo dejar de posponer constantemente las numerosas tareas que nos gustaría terminar pero que, por múltiples razones, aplazamos de manera sistemática?
- **¿Utilidad?** Dejar de eludir nuestras tareas pendientes y demostrar por fin que somos eficaces —tanto en el trabajo como en casa— proporciona una forma de serenidad y una tranquilidad mental bien merecida.
- **¿Contexto profesional?** Organización personal en el trabajo, gestión de proyectos, etc.
- **¿Preguntas frecuentes?**
    - ¿A qué se refiere exactamente el término «procrastinación»?
    - ¿Existe un perfil tipo del procrastinador?
    - ¿La vida moderna favorece la procrastinación?
    - ¿Cuáles son las posibles causas de la procrastinación?
    - Si me abandono a la procrastinación es porque me reporta beneficios. ¿Cuáles?
    - ¿A qué tareas afecta?
    - ¿Cuánto tiempo necesito para modificar mi comportamiento?
    - No soy capaz de superar mi problema de procrastinación solo, ¿cómo puedo obtener ayuda?

«¿Qué sientes cuando piensas en tu tendencia a dejar las cosas para mañana?». Esta es la pregunta que se le ha planteado a personas de diferentes edades que han afirmado tener este tipo de comportamiento. Todas han explicado que la procrastinación genera emociones negativas:

- un sentimiento de culpabilidad: «Sé que no debería aplazarlo», «Nunca estoy tranquila»;
- la impresión de perder el control: «Esto puede conmigo, estoy desbordado/a»;
- una baja autoestima: «No logro enfrentarme a ello», «Siempre estoy huyendo», «Me falta voluntad».

La verdadera procrastinación, esa que lleva a una persona a dejar de lado una lista de tareas pendientes que crece día tras día, tendrá tarde o temprano un impacto negativo en su vida profesional y personal.

¿Tú también te consideras un procrastinador regular u ocasional, ya sea en tu vida profesional o en la privada? ¿Quieres dejar de aplazar sistemáticamente ciertas tareas de una vez por todas? Lo importante es que tengas ganas de cambiar, porque, como decía Diderot (escritor francés del Siglo de las Luces, 1713-1784) en *Éléments de physiologie*: «Del deseo nace la voluntad» (Diderot 1997).

Modifica tu comportamiento siguiendo nuestro plan de acción dividido en tres etapas. Gracias a algunas técnicas y astucias, no volverás a dejar para mañana lo que podrías y querrías hacer hoy.

EL ABECÉ DEL FUTURO EXPROCRASTINADOR

1.ª ETAPA: DETERMINA Y DELIMITA TU CAMPO DE ACCIÓN

En este punto lo único que hay que hacer es definir tus objetivos. Para ello, solo tienes que establecer cuatro listas. Emplea 30 minutos como máximo para realizar este ejercicio.

Un borrador de tu lista de tareas

Prepara una lista en modo borrador de todo lo que te gustaría hacer pero que no dejas de aplazar. Mezcla tareas personales y profesionales, sin preocuparte por su grado de importancia. Por ejemplo:

- clasificar las facturas de estos últimos seis meses;
- volver a coser el botón de mi abrigo;
- organizar una reunión en la región;
- actualizar mi currículum;
- llamar a cinco potenciales nuevos clientes;
- preparar mi presentación comercial, que será dentro de 10 días;
- vaciar y ordenar mi sótano;
- cambiar la rueda de mi bici;
- afianzar mis estanterías de libros;
- pedir hora con el médico.

Como puedes observar, este tipo de lista reúne al mismo

tiempo tareas importantes y con grandes consecuencias y tareas menores, cuyo impacto es relativamente insignificante. Lo más importante es que aún no establezcas una jerarquía: anota en modo borrador y sin censuras todo lo que se te venga a la cabeza.

Tu lista de inconvenientes

A continuación, selecciona las diez tareas que te parezcan más importantes —si tienes menos de diez, mejor— y analiza rápidamente los inconvenientes que te ocasiona aplazarlas. Reflexionar sobre sus efectos negativos y anotarlos te ayudará a identificar fuentes de motivación y a establecer tus prioridades. Estos inconvenientes deben describirse con mucha precisión, como en esta tabla.

Tarea aplazada	Inconvenientes ligados al aplazamiento
Clasificar las facturas de estos últimos seis meses	• Pierdo tiempo cada vez que busco una factura. • Mi superior jerárquico cree que me falta seriedad y organización.
Cambiar la rueda pinchada de mi bici	• Estoy frustrado/a porque no puedo usar mi bici. • No hago ejercicio, por lo que estoy cansado/a e irritable.
Volver a coser el botón de mi abrigo	• Estoy harto/a de mirarme todas las mañanas en el espejo y ver que me falta un botón. Parezco desaliñado/a.
Actualizar mi currículum	• Siento que no hago lo suficiente para cambiar de trabajo y que me encierro en una situación que no me conviene.

Tu lista de beneficios

Ahora proyéctate en la situación en la que te encontrarás cuando estas diez fastidiosas tareas se hayan realizado y transforma la tabla. Piensa: «Cuando haya cumplido la tarea, obtendré este beneficio» en vez de «Si cumpliera esta tarea, obtendría este beneficio». Se trata de un simple ejercicio de reformulación que te permitirá cambiar tu punto de vista.

Tarea	Beneficio
Cuando haya clasificado las facturas de estos últimos seis meses...	• ... ya no perderé tiempo buscándolas y podré dedicar este tiempo que gano a una actividad agradable (un café, una pausa). • ... me ganaré la consideración de mi superior jerárquico.
Cuando haya cambiado la rueda pinchada de mi bici...	• ... podré dar un paseo por el bosque con mis amigos el domingo, tomar el aire, relajarme.
Cuando haya cosido el botón de mi abrigo...	• ... pareceré más cuidado/a cuando me mire en el espejo.
Cuando haya actualizado mi currículum...	• ... podré concretar el tipo de trabajo al que puedo aspirar, podré proyectarme más fácilmente en el futuro y estaré listo/a para responder a una posible propuesta de trabajo.

Tu lista de contaminadores

Ahora piensa en las cosas de tu entorno que alimentan tu tendencia a dejar las cosas para mañana y selecciona cuatro elementos sobre los que puedes actuar. Después, decide realizar una acción para eliminar cada uno de los «contaminadores» identificados. Por ejemplo:

Contaminador	Acción
No duermo lo suficiente porque me quedo viendo la televisión hasta tarde.	Cambio la televisión de sitio para dejar de tener la tentación de verla en la cama.
Tengo poca energía por la mañana porque, como me levanto demasiado tarde, no me da tiempo a desayunar.	Me pongo el despertador quince minutos antes y me tomo el tiempo de prepararme el desayuno. Como por la mañana soy lento/a, dejo los cubiertos preparados la noche anterior.
A menudo como con colegas que mantienen conversaciones negativas.	Voy a comer antes o más tarde, con la excusa de que estoy haciendo dieta o que tengo que hacer compras.
Miro mis correos electrónicos cada diez minutos.	Me fijo horarios bien definidos para mirar el buzón de entrada. Por ejemplo, a las 9:00, 11:30, 13:00, 16:00 y 18:00. El resto del tiempo no abro el correo electrónico.
Nunca pongo el móvil en silencio cuando estoy trabajando.	Me fijo horarios bien definidos para mirar mis mensajes y llamadas telefónicas. El resto del tiempo, mi móvil está en modo avión.

2.ª ETAPA: PLANIFICA EL CAMBIO

Tus cinco acciones prioritarias

Para seleccionar tus cinco acciones prioritarias, puedes valerte de la matriz de Eisenhower, una herramienta que ayuda a organizarse inspirada en el expresidente de los Estados Unidos Dwight David Eisenhower (1890-1969). El objetivo de esta matriz es ayudarnos a clasificar nuestras tareas en función de dos criterios: su urgencia y su importancia. Te darás cuenta de lo útil que es distinguir estas dos nociones. Dwight D. Eisenhower declaró: «Lo importante es rara vez urgente y lo urgente es raramente importante» (Hábitos Vitales 2014). Estos dos criterios se representan en los dos ejes de la siguiente gráfica: la urgencia en el de abscisas (o eje horizontal) y la importancia en el de ordenadas (eje vertical).

La matriz de Eisenhower

Recupera la lista en modo borrador con las tareas que te gustaría hacer pero que no sabes cómo acometer, y coloca cada una de ellas en uno de los cuadros de la matriz. Una vez hecho, verás que tu lista prioritaria es la que se sitúa en el cuadro superior izquierdo, titulado «Importante y urgente». La buena noticia es que puedes olvidarte para siempre de todas las tareas que se encuentran en el cuadro «No importante y no urgente». Si todas tus tareas se encuentran en el cuadro «Importante y urgente», vuelve a realizar el ejercicio reflexionando más profundamente sobre cada una de ellas para lograr establecer su orden de importancia y su grado de urgencia.

Deberías contar con una lista corta con, como máximo, cinco tareas que hay que realizar lo antes posible. Puedes considerar que acabas de superar la etapa sin duda más decisiva, ya que has definido tus objetivos con precisión. Acabas de pasar de «Tengo miles de cosas pendientes» a «He identificado cinco tareas urgentes e importantes que voy a finalizar». Acabas de iniciar un proceso constructivo.

EJEMPLO DE LISTA PRIORITARIA

1. Organizar una cita con la empresa Dumont para hacer balance del año que se acaba y proponer nuevas prestaciones para el próximo;
2. Acabar la tabla del volumen de negocios por cliente y por mes;
3. Ordenar mi mesa y tirar o archivar el 50 % de los papeles;
4. Organizar una cita con el técnico para actualizar mi ordenador;
5. Actualizar mi currículum.

Tu gestión del tiempo

Calcula el tiempo que necesitas para realizar cada una de las tareas. Si algunas consumen demasiado tiempo, puedes dividirlas en dos o tres etapas. Tampoco te olvides de distinguir los diferentes componentes de una tarea si es preciso.

En este punto, es importante elaborar con calma un «presupuesto de tiempo» realista. De nada sirve hinchar artificialmente el tiempo que necesitamos: te arriesgarías a sentir un cierto desánimo al pensar en las jornadas de trabajo que te esperan. Al contrario, procura no subestimar el alcance de las tareas pendientes, porque podrías llevarte sorpresas desagradables cuando pasaras a la acción. Por tanto, lo que hay que hacer es atribuir a cada tarea de nuestra lista un tiempo realista para realizarla, como mostramos a continuación.

Tarea	Tiempo necesario estimado
1. Organizar una cita con la empresa Dumont para hacer balance del año que se acaba y proponer nuevas prestaciones para el próximo.	• Envío del mensaje: 3 minutos • Preparación de la cita: 3 horas
2. Acabar la tabla del volumen de negocios por cliente y por mes.	• Dos veces 1 h 30 min
3. Ordenar mi mesa y tirar o archivar el 50 % de los papeles.	• Dos medias jornadas
4. Organizar una cita con el técnico para actualizar mi ordenador.	• Hacer la cita: 3 minutos • Copia de seguridad de mis datos: 1 hora
5. Actualizar mi currículum.	• Dos veces 1 hora

Tu agenda

Ponle una fecha tope a cada una de estas cinco acciones. También en esta etapa te recomendamos tomarte el tiempo necesario para configurar una agenda realista. Ponte una fecha límite que te permita tener tiempo suficiente para realizar tus tareas para no pasar bruscamente de la procrastinación a la sobreactividad. Asimismo, consigue que tu agenda sea lo suficientemente estimulante como para que puedas sentir satisfacción en un futuro próximo.

Vuelve a trabajar sobre la lista precedente fijando una fecha límite para cada una de tus tareas y subtareas.

Tarea	Tiempo necesario estimado	Fecha de realización
1. Organizar una cita con la empresa Dumont para hacer balance del año que se acaba y proponer nuevas prestaciones para el próximo.	• Envío del mensaje: 3 minutos • Preparación de la cita: 3 horas	• lunes 4 de enero por la mañana • viernes 8 de enero por la tarde
2. Acabar la tabla del volumen de negocios por cliente y por mes.	• Dos veces 1 h 30 min	• martes 5 de enero por la mañana • martes 12 de enero por la mañana
3. Ordenar mi mesa y tirar o archivar el 50 % de los papeles.	• Dos medias jornadas	• jueves 7 de enero por la tarde • jueves 14 de enero por la tarde

Tarea	Tiempo necesa- rio estimado	Fecha de realización
4. Organizar una cita con el técnico para actualizar mi ordenador.	• Hacer la cita: 3 minutos • Copia de seguridad de mis datos: 1 hora	• lunes 4 de enero por la mañana • miércoles 6 de enero por la mañana
5. Actualizar mi currículum.	• Dos veces 1 hora	• lunes 10 de enero por la tarde • lunes 17 de enero por la tarde

Como habrás observado, hemos ubicado al principio del calendario las tareas que se realizan con más rapidez (dos llamadas telefónicas o correos el lunes por la mañana). En efecto, puede ser alentador organizar un aumento de carga progresivo. También tienes que saber adaptar las tareas a tu ritmo personal. ¿Rindes más por la mañana o por la tarde? ¿Tienes tendencia a comenzar a toda marcha la semana o a ir cogiendo ritmo a medida que pasan los días? Es útil que te plantees estas preguntas para optimizar tu organización.

Así, si rindes mejor por la mañana, deja para este momento las tareas que requerirán más energía; al contrario, reserva los momentos en los que sabes que eres menos productivo para actividades que te parezcan menos agotadoras. Anota cada una de las tareas pendientes en tu agenda, como si fueran citas o reuniones, para otorgarles el lugar que se merecen a partir de ahora en tu calendario.

3.ª ETAPA: MIDE LOS PROGRESOS LOGRADOS Y LA SENDA QUE TE QUEDA POR RECORRER

Tu balance

La fecha de realización de la última tarea prevista ha llegado, y con ella el fatídico momento que supone hacer balance: realiza un análisis cuantitativo y cualitativo de las acciones conseguidas. Se trata, simplemente, de hacer una recapitulación de todo lo que has finalizado, de lo que has hecho parcialmente y de lo que no has hecho. Retoma tu lista y evalúa el porcentaje de realización de cada una de las tareas fijadas.

Tarea	Momento de finalización	% de realización	Número de puntos
1. Organizar una cita con la empresa Dumont para hacer balance del año que se acaba y proponer nuevas prestaciones para el próximo.	• Envío del mensaje • Preparación de la cita	100 % 70 %	1 0,7
2. Acabar la tabla del volumen de negocios por cliente y por mes.	• Primera parte • Segunda parte	100 % 40 %	1 0,4
3. Ordenar mi mesa y tirar o archivar el 50 % de los papeles.	• Primera parte • Segunda parte	100 % No realizado	1 0
4. Organizar una cita con el técnico para actualizar mi ordenador.	• Organización de la cita • Copia de seguridad	100 % No realizado	1 0
5. Actualizar mi currículum.	• Primera parte • Segunda parte	100 % 20 %	1 0,2

La última columna, «Número de puntos», sirve para cuantificar tus logros mediante una puntuación. Para ello, le atribuimos el mismo coeficiente —es decir, la misma importancia—, a cada una de las subtareas, incluso si el tiempo de realización varía considerablemente. La idea es valorar que el hecho de realizar una simple llamada puede ser tan útil como pasar media jornada ordenando.

En nuestro ejemplo, teníamos un total de cinco tareas, cada una de ellas dividida en dos subtareas, lo que suma un total de 10 puntos. Teniendo en cuenta nuestros porcentajes de realización, obtenemos un total de 6,3/10. ¿Cómo interpretar esta puntuación? En este punto, es esencial una mirada positiva sobre nuestros progresos. Un primer enfoque consiste en decirse que hemos logrado más de 6/10, es decir, 3/5 de las tareas que nos habíamos fijado. Puede que pienses que es alentador, pero que no hay nada por lo que felicitarse. Otra perspectiva se basa en considerar que hemos pasado de 0/10 a 6,3/10 en menos de dos semanas. Es fantástico, y podemos sentirnos orgullosos de este gran progreso. Tenemos que concentrarnos en el aspecto positivo de este fantástico avance. ¡Saboreemos nuestra victoria!

Tu análisis

Después de detenerte un instante sobre la importancia de lo que acabas de lograr, es importante analizar con toda tranquilidad los motivos por los que algunas tareas se han quedado a medias o no se han cumplido. De esta forma, identificaremos qué te dificulta avanzar. Es importante abordar esta fase con calma y tomando distancia, concentrándote en los hechos. Efectivamente, estás en una fase de cambio y lo importante es continuar en esta dinámica. Autodenigrarte no te servirá de nada.

Continuemos reflexionando sobre nuestro ejemplo. Tenemos que sopesar las razones por las que cinco de nuestras diez subtareas solo se han realizado parcialmente o no se han cumplido. Con este fin, buscaremos uno o dos motivos para cada una de ellas. Algunas de las causas que identificaremos podrán culminar en la detección de una nueva tarea urgente.

Tarea	% de realización	Motivo por el que no se ha realizado	Acción que se llevará a cabo
1. Preparación de la cita con la empresa Dumont.	70 %	No tengo toda la información sobre los nuevos proyectos que el director comercial de Dumont le presentó a mi jefe hace un mes.	Pedirle a mi jefe que me informe.
2. Segunda parte de la tabla del volumen de negocios por cliente y por mes.	40 %	Había subestimado el tiempo que necesitaría.	Volver a planificar dos sesiones de trabajo de 2 horas cada una.
3. Segunda parte de la tarea de ordenar mi mesa.	no realizado	No tengo excusa válida. Lo cierto es que había empezado bien con la primera parte, pero dejé de lado la segunda por cansancio, dejadez y falta de motivación.	Volver a planificar una media jornada dedicada a ordenar, quizás al principio de la semana y por la mañana.

4. Realizar una copia de seguridad de los datos de mi ordenador.	no realizado	Tengo miedo de equivocarme y perder datos.	Pedirle ayuda a un colega.
5. Segunda parte de la actualización de mi CV.	20 %	El lunes 17 de enero por la tarde tuve que sustituir a un colega enfermo.	Volver a programar una sesión.

Como has observado, lo más importante es ser factual. Incluso si el motivo por el que no se ha realizado una tarea se debe a una falta de motivación, como en el punto número 3, la idea es enfrentarse a esta realidad con calma y reprogramar simplemente la tarea. Como hemos dicho, el cambio es un proceso que se hace etapa por etapa. Concedámonos el derecho de volver a intentar hacer lo que aún no hemos podido realizar.

Tus nuevos proyectos

Cuando hayamos terminado el balance, tenemos que seguir nuestro camino y continuar utilizando la misma metodología, redactando una nueva lista de cinco acciones que hay que llevar a cabo. Puedes reintroducir algunas tareas incompletas de la lista precedente, a no ser que hayan surgido nuevas prioridades de carácter urgente e importante después de haber elaborado la lista precedente. Es recomendable limitarse a un máximo de cinco tareas.

LOS MEJORES CONSEJOS

- Acepta enfrentarte a tus problemas para actuar sin caer en el dramatismo, pero tampoco eludiéndolos. Saca conclusiones en frío, distanciándote de ti mismo, como si analizaras el comportamiento de otra persona.
- Concéntrate en los avances logrados en vez de en lo que aún no has conseguido hacer. Cada vez que alcanzas algo, centra tu atención en lo que se ha hecho comparándolo con lo que antes estaba por hacer. Si es necesario, apunta tus logros en un papel.
- Avanza dando pequeños pasos. Tienes que saber dosificar tu esfuerzo y tus fuerzas, como si fueras a hacer gimnasia o salieras a correr. «Quien quiere viajar lejos cuida su montura»[1], afirma Racine (poeta trágico francés, 1639-1699) en *Los litigantes* (1668).
- Piensa que nuestra esperanza de vida media se ha alargado considerablemente en cien años. Por tanto, el hombre contemporáneo se beneficia de una perspectiva de vida larga. Es importante recordarlo y darnos tiempo para modificar nuestro comportamiento. Nunca es demasiado tarde para evolucionar.
- Felicítate y recompénsate cuando hayas logrado un progreso. ¿Llevas mucho tiempo con ganas de comprarte una entrada para un concierto? Date el gusto de comprarla cuando consideres que te lo has ganado.
- No escuches los malos consejos. Algunos aseguran que podemos deshacernos de la tendencia a procrastinar si le

---

1. Cita traducida por 50Minutos.es

confiamos una determinada suma de dinero a un amigo. Solo tendríamos que hacer que nos prometiera que no va a devolvernos dicha cantidad si no mantenemos tal o cual resolución. Esto no nos parece válido, ya que este enfoque carece de una reflexión profunda.

- Intenta desterrar de tu memoria mensajes negativos que estén en tu inconsciente desde tu infancia. No es de extrañar que hayamos sido condicionados sin saberlo por comentarios que nos han transmitido una imagen que nos desvaloriza: «No llegarás a nada»; «Eres un inútil»; «Date prisa»; «Agrada a los mayores»; «Tu hermana es brillante, tú no», etc.
- No temas ser demasiado organizado. Al principio, sobre todo, te sentirás un poco maniático, porque tu comportamiento va a cambiar drásticamente. El sistema de listas propuesto te transforma de repente en una persona nueva, muy planificadora. Desempeña este papel con convencimiento, disfruta del cambio de estilo que estás experimentando y saborea el placer de tu transformación.
- A lo largo de la jornada, concédete varios momentos en los que inspirar y espirar profundamente, no pensar en nada y sentirte en el instante presente.

¿Sabías que...?

El 25 de marzo es el día mundial de la procrastinación. Trabajando un poco sobre ti mismo con la ayuda de nuestros consejos, ¡no deberías tener ganas de participar en la próxima edición!

PREGUNTAS FRECUENTES

¿A QUÉ SE REFIERE EXACTAMENTE EL TÉRMINO «PROCRASTINACIÓN»?

La palabra «procrastinación» procede del latín *procrastinatio* («aplazar, diferir, posponer»). Se trata de un término literario cada vez más empleado y que significa «la costumbre o hábito de postergar la realización importante de una o varias tareas» (Salud CCM 2014). El verbo «procrastinar» también se utiliza con frecuencia, mientras que la palabra «procrastinador», aunque no aparece registrada en el Diccionario de la Real Academia Española, puede encontrarse en numerosas obras y páginas en internet.

Atención, procrastinar no es necesariamente sinónimo de no hacer nada: sin duda, podemos lograr ciertas cosas aun dejando para más tarde una o varias tareas en concreto.

¿SABÍAS QUE...?

Henri Frédéric Amiel (escritor suizo de habla francesa, 1821-1881) escribe en su monumental *Diario íntimo*, de la friolera de casi 17 000 páginas: «Los postergadores, procrastinadores y vagos de mi calaña son justamente los mismos que no acaban nada y además tampoco empiezan nada»[2].

Marcel Proust (escritor francés, 1871-1922) utiliza esta

---

2. Cita traducida por 50Minutos.es

palabra en su obra *La prisionera* (1923): «[...] acaso esa costumbre añeja del aplazamiento perpetuo, de eso que el señor de Charlus infamaba con el nombre de "procrastinación" [...]»[3].

Por su parte, Colette (mujer de letras francesa, 1873-1954) dice en su obra *En país conocido* (1950): «Hoy quiero darle las gracias a cada uno de los contratiempos que me impidieron profundizar mi conocimiento del bosque de Rambouillet: la pereza, la edad, la tendencia a procrastinar, así como el placer que para mí supuso habitar un tiempo, aunque corto, [...] en una de sus cimas»[4].

¿EXISTE UN PERFIL TIPO DEL PROCRASTINADOR?

No, no existe un perfil tipo. Pregúntale a tus amigos. Es muy probable que todos, sin excepción, aplacen al menos una tarea. Según el psicólogo Piers Steel (experto en dinámicas de organización y autor de *The Procrastination Equation*), entre el 15 y el 20 % de la población practica la procrastinación.

Con todo, queremos señalar que la adolescencia puede ser un período propicio para la procrastinación debido a los cambios hormonales y psicológicos que trae consigo.

---

3. Cita traducida por 50Minutos.es
4. Cita traducida por 50Minutos.es

El escritor ruso Iván Goncharov (1812-1891) publica en 1859 una novela titulada *Oblómov*, en la que describe a un aristócrata apático, Oblómov (*oblom* en ruso significa «fractura, quiebra»), que acaba fusionándose con el diván en el que pasa sus días procrastinando. Oblómov se ha convertido en el arquetipo de hombre incapaz de actuar y ha inspirado la creación de la palabra «oblomovismo».

¿LA VIDA MODERNA FAVORECE LA PROCRASTINACIÓN?

El esfuerzo ya no necesariamente ocupa un lugar central evidente en nuestras vidas modernas como habitantes de países ricos. Antaño no se corría el riesgo de procrastinar ante la tarea de ir a buscar leña para calentarse, ya que de no hacerlo podías morir de frío. Hoy en día, las situaciones cotidianas en las que somos susceptibles de poner nuestras vidas en peligro son relativamente escasas. Probablemente no es coincidencia que la palabra procrastinación haya comenzado a usarse con más frecuencia en el siglo XIX, con la Revolución Industrial.

Actualmente, en nuestras sociedades occidentales, parece confirmarse el hecho de que el confort material y el acceso inmediato a la información pueden estimular la impulsividad y la pereza. La televisión, disponible a cualquier hora, y el mando a distancia no son precisamente nuestros mejores aliados en nuestra búsqueda del sentido del esfuerzo. De hecho, ¿cómo desarrollar el gusto por la acción en una sociedad que nada en la abundancia?

¿CUÁLES SON LAS POSIBLES CAUSAS DE LA PROCRASTINACIÓN?

Volviendo al significado de la palabra «oblomovismo», podemos considerar que la procrastinación está relacionada con una fractura del mecanismo que impulsa la voluntad de actuar. Aunque es difícil determinar la causa, se han identificado algunos caracteres físicos que están frecuentemente relacionados con comportamientos de procrastinación:

- **la ansiedad, el miedo al fracaso, el miedo a enfrentarnos a los demás.** No hacer algo permite no arriesgarse a fracasar;
- **el perfeccionismo.** Mejor no hacer algo que arriesgarse a hacerlo de manera imperfecta;
- **la baja autoestima.** No actuar permite reconocer que la idea de que «no valgo para nada» es cierta;
- **la impulsividad.** Solamente la perspectiva de una emoción fuerte me motiva. No me siento motivado si la perspectiva de pasar una tarde ordenando mis facturas no me hace vibrar emocionalmente;
- **la necesidad de colocarse en una situación de peligro.** En ocasiones, no hacer algo me coloca en una situación peligrosa, lo que es una forma de sentir emociones intensas;
- **el agotamiento físico y/o psíquico;**
- **la falta de sueño;**

* **una alimentación desequilibrada.**

Es indispensable que reflexiones para identificar qué característica(s) de las que acabamos de enumerar te incumbe(n) de manera personal para que puedas avanzar.

SI ME ABANDONO A LA PROCRASTINACIÓN ES PORQUE ME REPORTA BENEFICIOS. ¿CUÁLES?

Cuando te inscribes en un tipo de comportamiento lo haces porque, a pesar de que te hace sufrir, obtienes algún beneficio. Podemos deducir los beneficios de las causas de la procrastinación, ya que procrastinar permite:

* evitar enfrentarse a los demás,
* mantenerse en un estado de niño protegido;
* sentirse seguro porque correspondemos con la imagen negativa propia que los adultos crearon en nuestra infancia;
* alimentar la imagen de persona original, fuera de lo común, sin ataduras.

En este sentido también es necesario realizar una profunda reflexión.

¿A QUÉ TAREAS AFECTA?

La naturaleza y el alcance de las tareas que se ven afectadas por este comportamiento varía en gran medida dependiendo de cada persona. Podemos procrastinar en el trabajo y ser muy activos en casa, y viceversa. Es posible que la procrastinación afecte a una tarea o a un ámbito muy concreto, por ejemplo, a la manera de alimentarse («Mañana empiezo a hacer dieta») o a la organización del espacio vital («Mañana ordeno mi mesa», «Mañana limpio los cristales»). Finalmente, podemos ser fundamentalmente procrastinadores: en este caso, tendemos a aplazar sistemáticamente todas nuestras actividades.

¿CUÁNTO TIEMPO NECESITO PARA MODIFICAR MI COMPORTAMIENTO?

Puede ir muy rápido cuando tomas la decisión honesta y profunda de cambiar. Puedes lanzar tu plan de acción desde el momento en que termines de leer este libro. Considera que tú tienes las riendas de tu vida y que a partir de ahora eres tú el que decide lo que quiere hacer.

NO SOY CAPAZ DE SUPERAR MI PROBLEMA DE PROCRASTINACIÓN SOLO, ¿CÓMO PUEDO OBTENER AYUDA?

Si has seguido nuestras instrucciones con atención y no logras realizar al menos un 40 % de las acciones previstas, te recomendamos encarecidamente que consultes a un *coach* o a un psicoterapeuta. Probablemente necesites la ayuda de un experto que se interese en profundidad por tu caso particular. Has de saber que tomar la decisión de realizar una consulta constituye una etapa decisiva en tu capacidad para cambiar de comportamiento.

También puedes intentar practicar la meditación de conciencia plena, que podría ayudarte a centrarte en ti mismo, a concentrarte en tus objetivos y a relajarte si sufres ansiedad.

¡AHORA ES TU TURNO!

A continuación te presentamos cinco cosas sencillas que puedes hacer antes de comenzar con tu plan de acción. Te permitirán acoger con los brazos abiertos el cambio que va a producirse en tu vida.

- Por la mañana, cuando te levantes, inspira y espira profundamente una decena de veces, extendiendo los brazos hacia arriba cuando inspires y bajándolos suavemente cuando espires.
- Durante una semana, suprime de tu alimentación cotidiana un elemento y sustitúyelo por otro. Poco importa el alimento que escojas, lo que cuenta es el proceso. Por ejemplo, reemplaza el pan por galletas, el café por té, la lechuga verde por los canónigos, etc. Si después de una semana no has muerto de frustración, sigue adelante con el experimento.
- Durante una semana, cambia una parte de tu itinerario habitual. Camina cinco minutos más, da un rodeo, coge el autobús en vez del metro, etc.
- Apunta cada día al menos un acontecimiento divertido que te haya ocurrido a lo largo del día. Ver el aspecto gracioso de la vida va a insuflarte energía. Vuelve a leer

---

5. Cita traducida por 50Minutos.es

tus notas de vez en cuando.

- Por la noche, cuando te vayas a dormir, dedica algunos segundos a visualizar una escena en la que te sientas completamente a gusto. Imagínate haciendo algo que se encuentra en la primera posición de tu lista y observa cómo lo haces. Tienes que ver cómo la escena se desarrolla ante tus ojos con todo detalle.

PARA IR MÁS ALLÁ

FUENTES BIBLIOGRÁFICAS

- Bandler, Richard. 2008. *Un cerveau pour changer. Comprendre la PNL*. París: Pocket.
- Le Trésor de la langue française informatisé. Consultado el 16 de diciembre de 2016. http://atilf.atilf.fr/dendien/scripts/tlfiv4/showps.exe?p=combi.htm;java=no
- Perry, John. 2014. *La procrastination. L'art de reporter au lendemain*. París: Poche Marabout.
- Steel, Piers. 2010. *Procrastination. Pourquoi remet-on à demain ce qu'on peut faire aujourd'hui ?* París: Privé.
- Thich, Nhât Hanh. 2013. *La plénitude de l'instant. Se réconcilier avec soi-même et avec autrui*. París: Poche Marabout.

FUENTES COMPLEMENTARIAS

- Diderot, Denis. 1997. "Fenómenos del cerebro". *Revista de la Asociación Española de Neuropsiquiatría*, vol 17, n.° 64. Consultado el 15 de diciembre de 2016. http://www.revistaaen.es/index.php/aen/issue/view/1231
- Goncharov, Iván. 2009. *Oblómov*. Barcelona: Debolsillo.
- Hábitos Vitales, "El Eisenhower Matrix: Cómo distinguir entre tareas urgentes y tareas importantes y hacer progreso en tu vida", 2014. Consultado el 15 de diciembre de 2016. http://www.habitosvitales.com/2014/06/09/el-eisenhower-matrix-como-distinguir-entre-tareas-urgentes-y-tareas-importantes-y-hacer-progreso-en-tu-vida/

- Koeltz, Bruno. 2006. *Comment ne pas tout remettre au lendemain*. París: Odile Jacob.
- Launay-Duhautbout, Anne, Jean-Louis Muller y Jean-Pierre Testa. 2014. *Managez votre temps et vos priorités*. París: ESF Éditeur, colección *Les Guides pratiques de la Cegos*.
- Neury, Daniel. 2010. *Plus efficace sans travailler plus*. París: Vuibert.
- Salud CCM. 2014. "Procrastinación - Causas y tratamiento". Junio. Consultado el 16 de diciembre de 2016. http://salud.ccm.net/faq/6587-procrastinacion-causas-y-tratamiento